アルファベット 大文字

AからZまで歌を聞いて、歌ってみましょう。

1 **A**  [**エ**イ]	2 **B**  [**ビ**ー]	3 **C** [**ス**ィー]	4 **D**  [**ディ**ー]	5 **E** [**イ**ー]
6 **F** [**エ**フ]	7 **G** [**ヂ**ー]	8 **H** [**エ**イチ]	9 **I** [**ア**イ]	10 **J** [**ヂェ**イ]
11 **K**  [**ケ**イ]	12 **L** [**エ**ル]	13 **M** [**エ**ム]	14 **N** [**エ**ン]	15 **O**  [**オ**ウ]
16 **P** [**ピ**ー]	17 **Q** [**キュ**ー]	18 **R**  [**ア**ー]	19 **S** [**エ**ス]	20 **T** [**ティ**ー]
21 **U** [**ユ**ー]	22 **V**  [**ヴィ**ー]	23 **W**  [**ダブ**リュー]		
24 **X** [**エッ**クス]	25 **Y** [**ワ**イ]	26 **Z** [**ズィ**ー]		

♛アルファベットは26文字あります。
♛大文字と小文字があります。
♛まずは大文字を学びましょう。

続きの歌詞は答えを見ましょう。カタカナの太い文字を強く言いましょう。

1

1 音声を聞いて、文字の名前を確認しましょう。
声に出しながらなぞった後、自分で2回書きましょう。

赤の点は文字の書き始めです。

① 大文字 ［エイ］ APPLE

 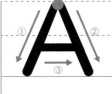

② 大文字 ［ビー］ BEAR

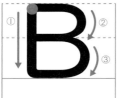

③ 大文字 ［スィー］ CAT

④ 大文字 ［ディー］ 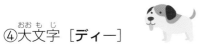 DOG

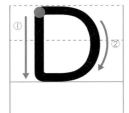 

1 音声を聞いて、文字の名前を確認しましょう。
声に出しながらなぞった後、自分で2回書きましょう。

⑤大文字 [イー]　 EGG

E E E E

⑥大文字 [エフ]　 FROG

F F F F

⑦大文字 [ヂー]　 GORILLA

G G G G

⑧大文字 [エイチ]　 HORSE

H H H H

2 音声を聞いて、文字の名前を確認しましょう。
声に出しながらなぞった後、自分で2回書きましょう。

⑨大文字［**アイ**］　　IGUANA

I　I I I

⑩大文字［**ヂェイ**］　JELLYFISH

J　J J J

⑪大文字［**ケイ**］　KING

K　K K K

⑫大文字［**エル**］　LION

L　L L L

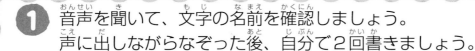

1 音声を聞いて、文字の名前を確認しましょう。
声に出しながらなぞった後、自分で2回書きましょう。

⑬大文字［エム］　MONKEY

⑭大文字［エン］　NINE

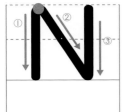

⑮大文字［オウ］　OCTOBER

⑯大文字［ピー］　PIG

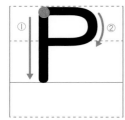

② 音声を聞いて、文字の名前を確認しましょう。
声に出しながらなぞった後、自分で2回書きましょう。

⑰大文字 ［キュー］　　QUEEN

Q Q Q Q

⑱大文字 ［アー］　　RABBIT

R R R R

⑲大文字 ［エス］　　SUN

S S S S

⑳大文字 ［ティー］　　TURTLE

T T T T

| 月 | 日 | 時 | 分~ | 時 | 分 |

名前

1 音声を聞いて、文字の名前を確認しましょう。
声に出しながらなぞった後、自分で2回書きましょう。

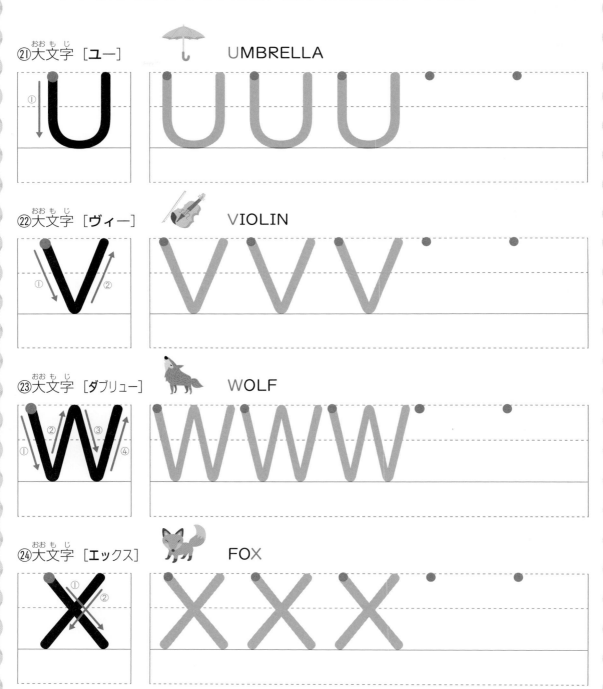

㉑大文字 [ユー]　UMBRELLA

U U U U

㉒大文字 [ヴィー]　VIOLIN

V V V V

㉓大文字 [ダブリュー]　WOLF

W W W W

㉔大文字 [エックス]　FOX

X X X X

2 音声を聞いて、文字の名前を確認しましょう。
声に出しながらなぞった後、自分で2回書きましょう。

㉕大文字 ［ワイ］ YACHT

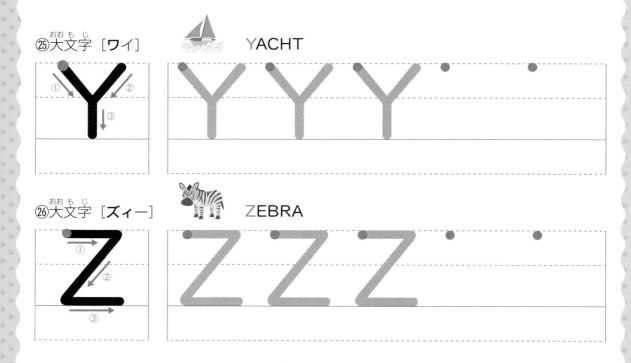

㉖大文字 ［ズィー］ ZEBRA

3 次の絵の中から、文字を見つけて○で囲みましょう。
4つかくれています。

5 大文字 A～Z

月 日　時 分～時 分

名前

① A から Z まで声に出しながら順になぞりましょう。

A B C D E F

[エイ]　[ビー]　[スィー]　[ディー]　[イー]　[エフ]

G H I J K L

[ヂー]　[エイチ]　[アイ]　[ヂェイ]　[ケイ]　[エル]

M N O P Q R

[エム]　[エン]　[オウ]　[ピー]　[キュー]　[アー]

S T U V W X

[エス]　[ティー]　[ユー]　[ヴィー]　[ダブリュー]　[エックス]

Y Z

[ワイ]　[ズィー]

アルファベットの形と名前
をあわせておぼえよう。

② AからZまで順に並ぶように、□の中に正しく大文字を書きましょう。

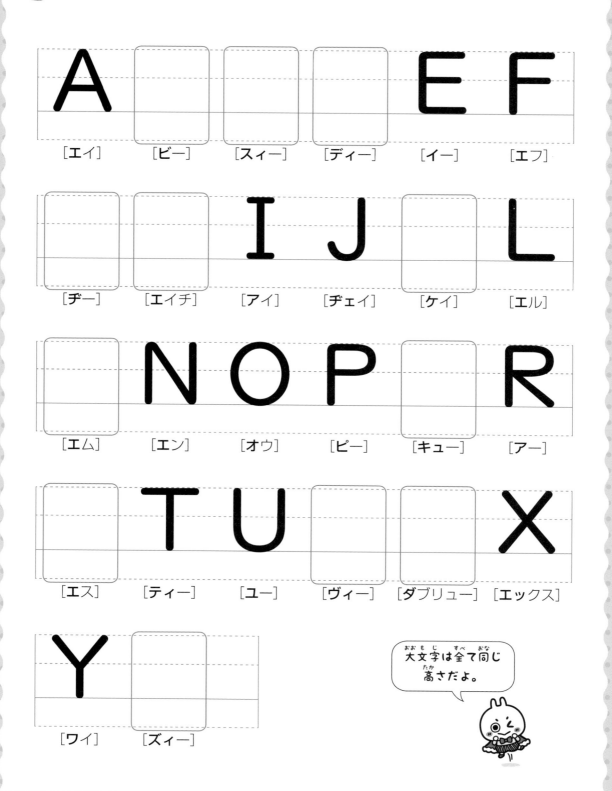

A □ □ □ E F
[エイ] [ビー] [スィー] [ディー] [イー] [エフ]

□ □ I J □ L
[ヂー] [エイチ] [アイ] [ヂェイ] [ケイ] [エル]

□ N O P □ R
[エム] [エン] [オウ] [ピー] [キュー] [アー]

□ T U □ □ X
[エス] [ティー] [ユー] [ヴィー] [ダブリュー] [エックス]

Y □
[ワイ] [ズィー]

大文字は全て同じ高さだよ。

6 まとめのテスト1

1 AからZまでアルファベットの順番に点を線で結んで、絵を完成させましょう。
(20点)

2 上と下のパズルを組み合わせて、アルファベットの大文字ができるように点を線で結びましょう。
(各8点)

①	②	③

[**ヴィー**]	[**キュー**]	[**エイ**]

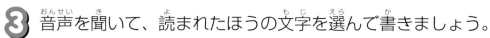

3 音声を聞いて、読まれたほうの文字を選んで書きましょう。

（各9点）

① （A L） ┌─────────┐
         └─────────┘

② （Q O） ┌─────────┐
         └─────────┘

③ （M N） ┌─────────┐
         └─────────┘

④ （V Z） ┌─────────┐
         └─────────┘

4 音声を聞いて、読まれた文字を線で結んでゴールまでたどり着きましょう。

（20点）

アルファベット 小文字

大文字とのちがいに注意して、a から z まで歌ってみましょう。

1 **a** [エイ]	2 **b** [ビー]	3 **c** [スィー]	4 **d** [ディー]	5 **e** [イー]
6 **f** [エフ]	7 **g** [ヂー]	8 **h** [エイチ]	9 **i** [アイ]	10 **j** [ヂェイ]
11 **k** [ケイ]	12 **l** [エル]	13 **m** [エム]	14 **n** [エン]	15 **o** [オウ]
16 **p** [ピー]	17 **q** [キュー]	18 **r** [アー]	19 **s** [エス]	20 **t** [ティー]
21 **u** [ユー]	22 **v** [ヴィー]	23 **w** [ダブリュー]		
24 **x** [エックス]	25 **y** [ワイ]	26 **z** [ズィー]		

👑小文字も25文字あります。
👑小文字は、大文字とや書くがちがうので注意しましょう。

続きの歌詞は答えを見ましょう。カタカナの**太い文字**を強く言いましょう。

7 小文字 a~d

| 月 | 日 | 時 | 分〜 | 時 | 分 |

名前

1 音声を聞いて、文字の名前を確認しましょう。
声に出しながらなぞった後、自分で2回書きましょう。

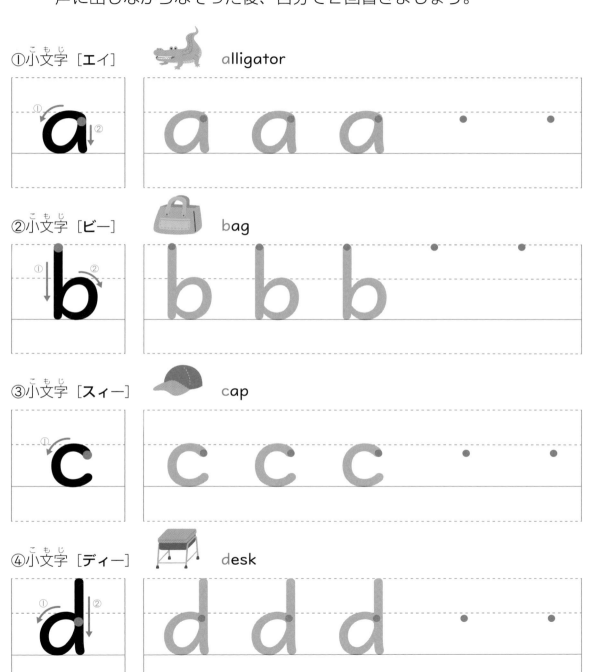

①小文字 [エイ]　alligator

a　a　a　a

②小文字 [ビー]　bag

b　b　b　b

③小文字 [スィー]　cap

c　c　c　c

④小文字 [ディー]　desk

d　d　d　d

8 小文字 e〜l

① 音声を聞いて、文字の名前を確認しましょう。
声に出しながらなぞった後、自分で2回書きましょう。

⑤小文字 ［イー］　　elephant

e　e　e　e　·　·

⑥小文字 ［エフ］　　fish

f　f　f　f　·　·

⑦小文字 ［ヂー］　　gum

g　g　g　g　·　·

⑧小文字 ［エイチ］　　hat

h　h　h　h　·　·

② 音声を聞いて、文字の名前を確認しましょう。
声に出しながらなぞった後、自分で2回書きましょう。

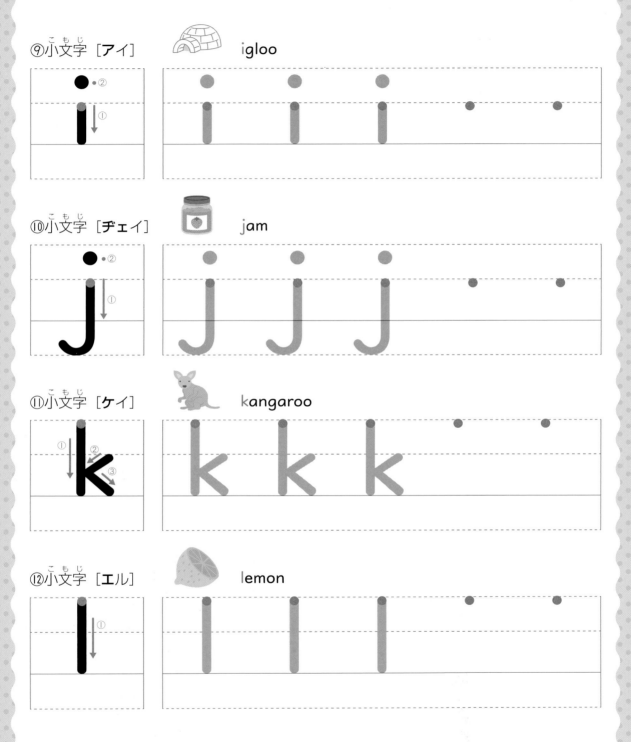

⑨小文字［アイ］　igloo

⑩小文字［ヂェイ］　jam

⑪小文字［ケイ］　kangaroo

⑫小文字［エル］　lemon

9 小文字 m〜t

| 月 | 日 | 時 | 分〜 | 時 | 分 |

名前

① 音声を聞いて、文字の名前を確認しましょう。
声に出しながらなぞった後、自分で2回書きましょう。

⑬小文字［エム］　milk

⑭小文字［エン］　net

⑮小文字［オウ］　octopus

⑯小文字［ピー］　piano

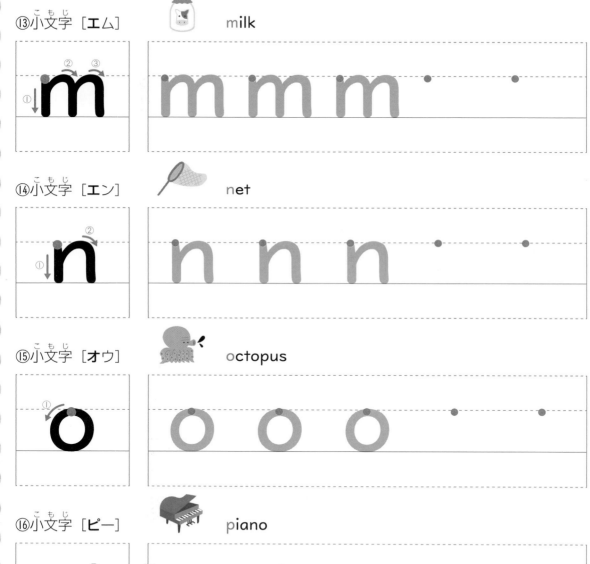

a b c d e f g h i j k l m n o p q r s t u v w x y z

17

2 音声を聞いて、文字の名前を確認しましょう。
声に出しながらなぞった後、自分で2回書きましょう。

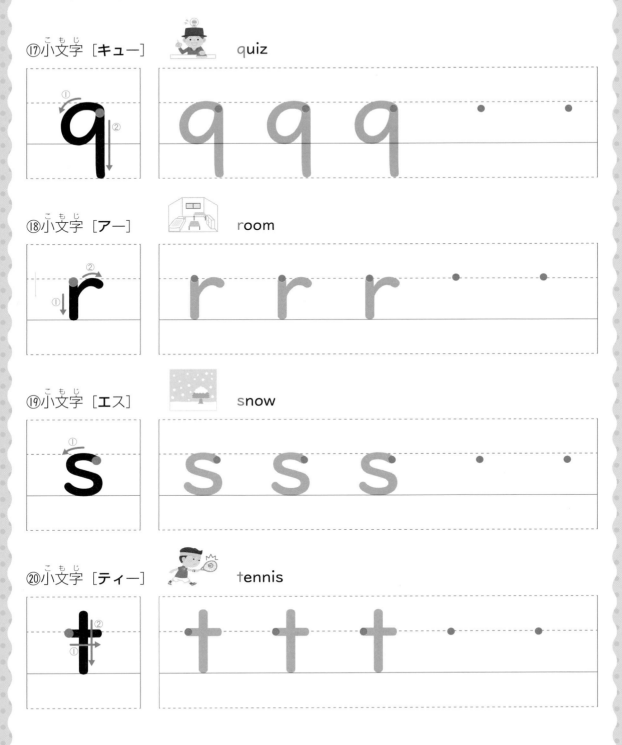

⑰小文字［キュー］　quiz

q　q　q　q　・　・

⑱小文字［アー］　room

r　r　r　r　・　・

⑲小文字［エス］　snow

s　s　s　s　・　・

⑳小文字［ティー］　tennis

t　t　t　t　・　・

10 小文字 u〜z

月　日　　時　分〜　時　分

名前

1 音声を聞いて、文字の名前を確認しましょう。
声に出しながらなぞった後、自分で2回書きましょう。

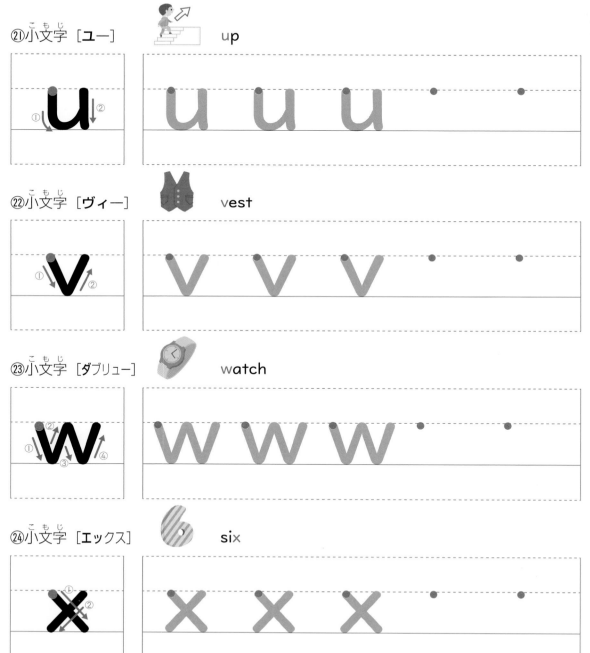

㉑小文字［ユー］　　　up

㉒小文字［ヴィー］　　vest

㉓小文字［ダブリュー］　watch

㉔小文字［エックス］　　six

2 音声を聞いて、文字の名前を確認しましょう。
声に出しながらなぞった後、自分で2回書きましょう。

㉕小文字［ワイ］ yo-yo

㉖小文字［ズィー］ zoo

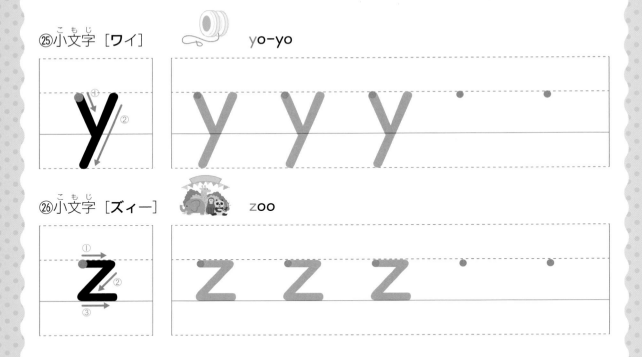

3 次の絵の中から、文字を見つけて○で囲みましょう。
4つかくれています。

11 小文字 a〜z

1 a から z まで声に出しながら順になぞりましょう。

a b c d e f

[エイ]　　[ビー]　　[スィー]　　[ディー]　　[イー]　　[エフ]

g h i j k l

[ヂー]　　[エイチ]　　[アイ]　　[ヂェイ]　　[ケイ]　　[エル]

m n o p q r

[エム]　　[エン]　　[オウ]　　[ピー]　　[キュー]　　[アー]

s t u v w x

[エス]　　[ティー]　　[ユー]　　[ヴィー]　　[ダブリュー]　[エックス]

y z

[ワイ]　　[ズィー]

小文字を書くときは4本の線のどこに書くか気をつけよう。

② aからzまで順に並ぶように、□の中に正しく小文字を書きましょう。

	b	c			f
[エイ]	[ビー]	[スィー]	[ディー]	[イー]	[エフ]

g				k	l
[ヂー]	[エイチ]	[アイ]	[ヂェイ]	[ケイ]	[エル]

	n	o		q	r
[エム]	[エン]	[オウ]	[ピー]	[キュー]	[アー]

s			v		x
[エス]	[ティー]	[ユー]	[ヴィー]	[ダブリュー]	[エックス]

	z
[ワイ]	[ズィー]

aからzまでのアルファベットの順番をおぼえることも大切だよ。

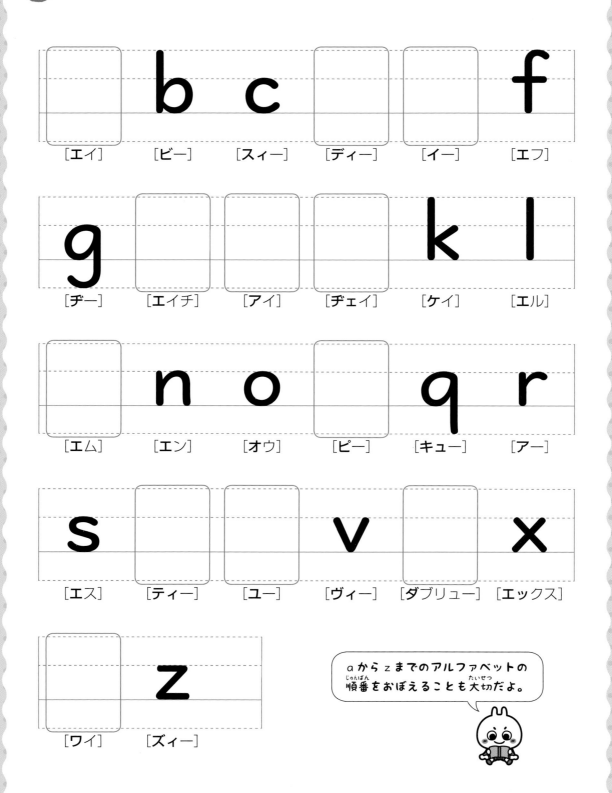

22

月　日　目標時間 **15**分

名前

点

1 aからzまでアルファベットの順番に点を線で結んで、絵を完成させましょう。 （20点）

2 上と下のパズルを組み合わせて、アルファベットの小文字ができるように点を線で結びましょう。 （各8点）

① ② ③

 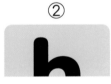 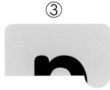

・ ・ ・

・ ・ ・

［**ピー**］ ［**ティー**］ ［**エイチ**］

3 音声を聞いて、読まれたほうの文字を選んで書きましょう。

 (各9点)

① (k　j)

② (p　e)

③ (l　i)

④ (b　d)

4 音声を聞いて、読まれた文字を線で結んでゴールまでたどり着きましょう。

 (20点)

名前

13 似ている形の文字

① 次の文字を、形のちがいに気をつけてなぞった後、自分で1回書きましょう。

| b d | 小文字［ビー］ b | 小文字［ディー］ d |

| p q | 小文字［ピー］ p | 小文字［キュー］ q |

| v u | 小文字［ヴィー］ v | 小文字［ユー］ u |

| i j | 小文字［アイ］ i | 小文字［ジェイ］ j |

| h n | 小文字［エイチ］ h | 小文字［エン］ n |

O Q	大文字 ［オウ］ O	大文字 ［キュー］ Q
U V	大文字 ［ユー］ U	大文字 ［ヴィー］ V
M W	大文字 ［エム］ M	大文字 ［ダブリュー］ W

2 ①・②は大文字に対応する小文字を、③・④は小文字に対応する大文字をそれぞれ○で囲みましょう。

① **B**
(b) (d)

② **Q**
(p) (q)

③ **u**
(v) (u)

④ **m**
(M) (W)

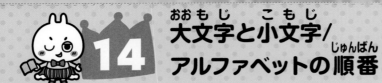

月 日　時 分〜 時 分

名前

① 大文字とそれに対応する小文字を線で結びましょう。

① H ・　　　　・ m

② R ・　　　　・ h

③ A ・　　　　・ a

④ M ・　　　　・ r

⑤ L ・　　　　・ l

② 大文字は小文字に、小文字は大文字に変えて書きましょう。

① Q s E ➡

② b P D ➡

③ N I w ➡

3 アルファベットの順番になるように、正しい文字を書きましょう。
①・②は大文字、③・④は小文字で書きましょう。

① F ☐ H   ② L ☐ N

③ w ☐ y   ④ b ☐ d

4 A(a) から Z(z) までアルファベットの順にたどってゴールまでいきましょう。大文字と小文字の両方が混ざっています。

スタート→	A	b	i	r	H	p
C	d	c	k	i	j	K
t	E	F	g	h	D	L
B	L	C	a	e	n	m
x	f	o	V	P	o	l
o	z	s	r	q	S	M
q	y	t	u	x	Y	V
P	I	R	v	w	Z	ゴール

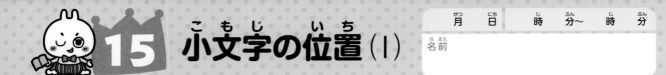

月　日　　時　分〜　時　分

名前

① 次の小文字を、位置に注意してなぞった後、自分で2回書きましょう。

✏ 第2線と第3線の間に書く「1階建て」の小文字

1階建て

第1線→
第2線→
第3線→ acemnorsuvwxz
第4線→

[エイ]

a

[スィー]

c

[イー]

e

[エム]

m

[エン]

n

[オウ]

o

[アー]

r

[エス]

s

［ユー］

u

［ヴィー］

v

［ダブリュー］

w

［エックス］

x

［ズィー］

z

赤色の線の上に
きれいに書こう。

第2線と第4線の間に書く「地下1階建て」の小文字

第1線
第2線
第3線
第4線

g p q y

地下1階建て

［ヂー］

g

［ピー］

p

［キュー］

q

［ワイ］

y

❶ 次の小文字を、位置に注意してなぞった後、自分で2回書きましょう。

第1線と第3線の間に書く「2階建て」の小文字

第1線 →
第2線 →
第3線 → b d f h k l
第4線 →

2階建て

［ビー］

［ディー］

［エフ］

［エイチ］

［ケイ］

［エル］

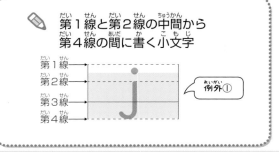
第1線と第2線の中間から
第4線の間に書く小文字

第1線 →
第2線 →
第3線 → j
第4線 →

例外①

［ヂェイ］

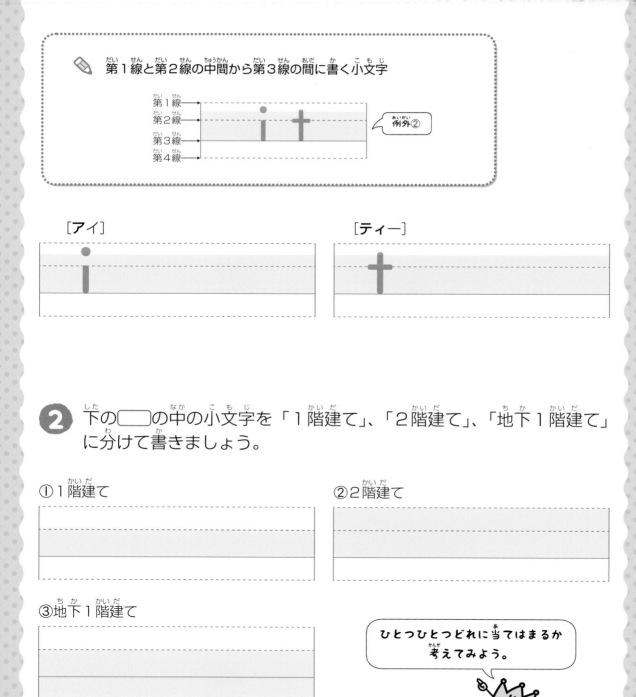

✏️ 第1線と第2線の中間から第3線の間に書く小文字

第1線
第2線
第3線
第4線

例外②

[アイ]

[ティー]

❷ 下の◯◯の中の小文字を「1階建て」、「2階建て」、「地下1階建て」に分けて書きましょう。

①1階建て

②2階建て

③地下1階建て

ひとつひとつどれに当てはまるか考えてみよう。

b c q d o g r l p

月　日　目標時間 **15**分

名前

点

1 　 の中の文字をアルファベットの順番に並べかえて書きましょう。

(各5点)

① I G H J ➡

② P O N Q ➡

③ d e b c ➡

④ v u x w ➡

2 大文字とそれに対応する小文字を線で結びましょう。

(各5点)

① I ・　　　・ a

② A ・　　　・ i

③ L ・　　　・ f

④ F ・　　　・ l

3 文字の位置や形に注意して、①〜③は右側に対応する小文字を、④〜⑥は左側に対応する大文字を書きましょう。 (各6点)

① B

② G

③ Q

④ c

⑤ t

⑥ j

4 音声を聞いて、読まれた文字を①・②は大文字で、③・④は小文字で書きましょう。 (各6点)

①

②

③

④

英単語のルール

1 書くときのポイント

英単語は、アルファベットを組み合わせて書きます。

▶単語を書くときは文字の間かくに注意することが大切です。「かばん」を表すbagを例にして正しい書き方を見てみましょう。

| 良い例 | ○ | bag | |
| 悪い例 | × | bag（つまりすぎている） | b a g（あきすぎている） |

▶英単語は、ふつう小文字で書きますが、次のような場合は、大文字で書き始めます。

❶人の名前

Tom（トム）

❷国の名前

Japan（日本）

❸月の名前

August（8月）

※言語の名前、土地の名前、曜日の名前なども大文字で書き始めます。

2 発音のポイント

英単語では、文字は名前とは異なる発音をされる場合があります。

▶こちらもbag「かばん」を例に見てみましょう。

英語の例　　b + a + g = bag

文字の名前	［ビー］	［エイ］	［ヂー］	―
文字の発音	［ブッ］	［ア］	［グッ］	［バッグ］

bag は［バッグ］と読みます。b［ビー］、a［エイ］、g［ヂー］という３つの文字をつなげた英単語ですが、そのまま［ビーエイヂー］とは読みません。それぞれの文字を見ると、b は［ブッ］、a は［ア］、g は［グッ］と発音されていますね。

日本語の例	か＋ば＋ん＝かばん			
文字の名前	［カ］	［バ］	［ン］	［カバン］
文字の発音	［カ］	［バ］	［ン］	［カバン］

日本語で「かばん」は［か］と［ば］と［ん］という３つのひらがなをつなげてそのまま
［カバン］と読みます。比べてみるとちがいがよく分かりますね。

▶文字のつづりと読まれる音を結びつけて学ぶ方法をフォニックスと言います。

▶この本では音楽のようにリズム（チャンツ）に乗りながらフォニックスの練習を
取り入れ、正しい発音が身につくようになっています。

英単語のルールのポイント

👑 文字の間かくに注意して書きましょう。

👑 英単語はふつう小文字で書きます。

👑 大文字で書き始める英単語もあります。

👑 英語は文字の名前と発音が異なるものがあります。

👑 文字と発音を結びつけて学ぶ方法をフォニックスと言います。

※この本では、単語の中でのアルファベットの読み方について、基本的なものを中心に取り上げました。

 練習しよう♫

1 次の英単語を、つづりに気をつけてなぞった後、
自分で１回書きましょう。

bag ｜ bag

2 音声にそって発音練習を
してみましょう。

❶bag の発音を聞いてみましょう。
❷音声の後に続いて bag を発音してみましょう。
❸リズムに乗って発音してみましょう。 ♪Let's Chant!

18 abc の発音(はつおん)

1 音声(おんせい)にそって、聞(き)く、言(い)う練習(れんしゅう)をしましょう。
その後(あと)、単語(たんご)を言(い)いながら文字(もじ)をなぞりましょう。

🎧 **A a**

文字(もじ)の名前(なまえ)	[エイ]
文字(もじ)の発音(はつおん)	[ア]

~エ~ア~

日本語(にほんご)の「エ」の口(くち)で「ア」と発音(はつおん)します。
口(くち)のはしを横(よこ)に引(ひ)っぱるように言(い)ってみましょう。

りんご

[アプル]

apple   apple

わに

[アリゲイタァ]

alligator   alligator

🎧 **B b**

文字(もじ)の名前(なまえ)	[ビー]
文字(もじ)の発音(はつおん)	[ブッ]

ブッ

くちびるを閉(と)じて、はじくように発音(はつおん)します。
風船(ふうせん)が割(わ)れるような音(おと)をまねしてみましょう。

熊(くま)

[ベア]

bear   bear

かばん

[バッグ]

bag   bag

C c

クックックッ

文字の名前	［スィー］
文字の発音	［クッ］

🔊 のどのおくから勢いよく息を出して発音します。
笑ったときの「クックックッ」の音にとても似ています。

ねこ

［キャット］

cat　　　cat

（ふちのない）ぼうし

［キャップ］

cap　　　cap

2 音声を聞いて、読まれた単語を表す絵を〇で囲みましょう。🎧

①

apple　　　　　　　　　　cap

②

bag　　　　　　　　　　cat

19 def の発音

月	日	時	分〜	時	分
名前					

1 音声にそって、聞く、言う練習をしましょう。
その後、単語を言いながら文字をなぞりましょう。

♪ Let's Chant!

🎧 **D d**

文字の名前	［ディー］
文字の発音	［ドゥ］

勢いよく息を出して「ドゥ」と発音します。
長くのばさないように言うときれいに聞こえます。

犬

［ド（ー）グ］

dog   dog

机

［デスク］

desk   desk

♪ Let's Chant!

🎧 **E e**

文字の名前	［イー］
文字の発音	［エ］

口は指2本分開ける

日本語の「エ」によく似た発音です。
くちびるを左右に引きながら、強く声を出しましょう。

［エッグ］

egg   egg

卵

［エレファント］

象

elephant   elephant

♪ Let's Chant!

F f

文字の名前	[**エ**フ]
文字の発音	[**フ**]

下くちびるを軽くかむ

上の歯で下のくちびるをかみながら、息をはいて発音します。

[フ**ラ**(ー)**ッ**グ]

frog　　frog

かえる

[**フィ**ッシ]

fish　　fish

魚　さかな

2 音声を聞いて、読まれた単語の始めの文字を2つの中から選んで○で囲みましょう。

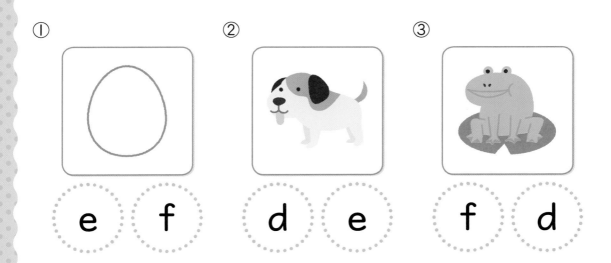

①

e　f

②

d　e

③

f　d

20 ghi の発音

1 音声にそって、聞く、言う練習をしましょう。
その後、単語を言いながら文字をなぞりましょう。

♪ Let's Chant!

G g

文字の名前	[ヂー]
文字の発音	[グッ]

🗣 のどのおくから勢いよく息を出して「グッ」と発音します。

[ガム]

ガム

gum	gum

[ゴ**リ**ラ]

ゴリラ

gorilla	gorilla

♪ Let's Chant!

H h

文字の名前	[**エ**イチ]
文字の発音	[ハッ]

🗣 息をはくようにのどのおくから息を出します。
ため息をつくときの声によく似ています。

ハー

[**ホ**ース]

馬

horse	horse

[ハット]

(ふちのある) ぼうし

hat	hat

Let's Chant!

文字の名前	[アイ]
文字の発音	[イ]

I i

指 1 本分開ける

日本語の「エ」に近い「イ」の音です。
口は指1本分だけ開けるようにします。

[**イ**グルー]

igloo	igloo

イグルー

[イグ**ワ**ーナ]

iguana	iguana

イグアナ

イグルーは氷でできた家のことだよ。

2 音声を聞いて、読まれた単語の始めの文字を小文字で書きましょう。

① 馬

② イグアナ

③ ゴリラ

月　日　目標時間 **10**分

名前

点

1 音声を聞いて、読まれた単語を表す絵を○で囲みましょう。

(各8点)

① gorilla  egg

② fish   iguana

③ alligator   bear

④ horse   desk

⑤ bag   cat

2 音声を聞いて、読まれた単語が正しいつづりになるように、□の中に小文字を書きましょう。

🎧 (各9点)

① [ ] pple

りんご

② [ ] og

犬

③ [ ] rog

かえる

④ [ ] gloo

イグルー

3 音声を聞いて、読まれた単語の始めの文字を3つの中から選んで○で囲みましょう。

🎧 (各8点)

①

②

③

e f g   b c d   g h i

月	日	時	分～	時	分

名前

1 音声にそって、聞く、言う練習をしましょう。
その後、単語を言いながら文字をなぞりましょう。

 ♪ Let's Chant!

J j

文字の名前	［ヂェイ］
文字の発音	［ヂュ］

くちびるを少し丸めて発音します。
舌の先を下の歯の裏に軽くあてて言ってみましょう。

くらげ

［ヂェリフィッシ］

jellyfish	jellyfish

ジャム

［ヂャム］

jam	jam

♪ Let's Chant!

K k

文字の名前	［ケイ］
文字の発音	［クッ］

クックックッ

cの「クッ」と同じ発音です。
「クックックッ」と笑う人の声を思い出しましょう。

王様

［キング］

king	king

カンガルー

［キャンガルー］

kangaroo	kangaroo

♪ Let's Chant!

🎧 **L l**

文字の名前	[**エ**ル]
文字の発音	[**ル**]

前歯の裏に付ける

🗨 舌の先を前歯の裏に付けて音を出します。
前歯の裏をなめるイメージをしてみましょう。

[**ライオン**]

ライオン

lion　　　lion

[**レモン**]

レモン

lemon　　　lemon

日本語の「ル」とは舌の位置がちがうね。

2 音声を聞いて、読まれた単語を表す絵を○で囲みましょう。 🎧

①

king　　　　　　　　　jellyfish

②

jam　　　　　　　　　lion

23 mno の発音

① 音声にそって、聞く、言う練習をしましょう。
その後、単語を言いながら文字をなぞりましょう。

♪ Let's Chant!

Mm

文字の名前	［エム］
文字の発音	［ンム］

口は閉じて

くちびるを閉じたまま、鼻から息をぬいて
「ンム」と発音しましょう。

さる

［マンキィ］

monkey | monkey

牛乳

［ミルク］

milk | milk

♪ Let's Chant!

Nn

文字の名前	［エン］
文字の発音	［ンヌ］

口は開けて

mと同じように鼻から息をぬいて「ンヌ」と発音しますが、
口は開けたままなので注意しましょう。

9

［ナイン］

nine | nine

あみ

［ネット］

net | net

文字の名前	[**オウ**]
文字の発音	[**ア**]

あくびの口で

のどのおくのほうから息を出します。あくびをするような
イメージで口を大きく開けて言ってみましょう。

[**ア**（ー）クトパス]

octopus　　octopus

たこ

[**ア**（ー）ク**ト**ウバァ]

October　　October

10月

月の名前は大文字で始めるよ。

2 音声を聞いて、読まれた単語の始めの文字を2つの中から選んで○で
囲みましょう。

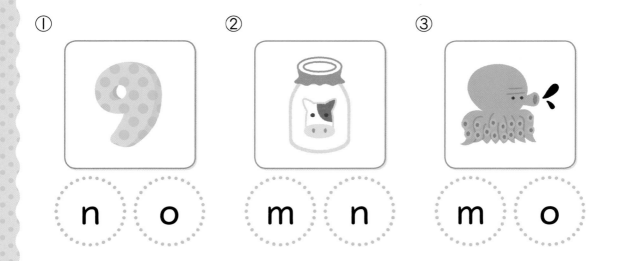

①　　　　　　　②　　　　　　　③

n　o　　　m　n　　　m　o

24 pqr の発音

1 音声にそって、聞く、言う練習をしましょう。
その後、単語を言いながら文字をなぞりましょう。

♪ Let's Chant!

P p

文字の名前	［ピー］
文字の発音	［プッ］

プッ

閉じたくちびるをはじくように息だけで発音します。
bの口を思い出してみましょう。

ぶた

［ピッグ］

pig   pig

ピアノ

［ピアノウ］

piano   piano

♪ Let's Chant!

Q q

文字の名前	［キュー］
文字の発音	［クワ］

cやkの「クッ」と同じ発音です。
後ろにuが付いて「クゥ」と発音します。

女王

［クウィーン］

queen   queen

クイズ

［クウィズ］

quiz   quiz

49

♪ Let's Chant!

R r

文字の名前	[アー]
文字の発音	[ル]

口ぶえの口

舌を口の中のどこにも付けずに、
口ぶえのように口を丸めて言います。

[ラビット]
うさぎ
rabbit　　rabbit

[ルーム]
部屋
room　　room

L [ル] との音のちがいに気をつけよう。

2 音声を聞いて、読まれた単語の始めの文字を小文字で書きましょう。

① ピアノ

② うさぎ

③ クイズ

50

① 音声（おんせい）にそって、聞（き）く、言（い）う練習（れんしゅう）をしましょう。
その後（あと）、単語（たんご）を言（い）いながら文字（もじ）をなぞりましょう。

♪ **Let's Chant!**

S s

| 文字（もじ）の名前（なまえ） | ［**エス**］ |
| 文字（もじ）の発音（はつおん） | ［**ス**］ |

歯（は）と歯（は）のすき間（ま）から

歯（は）と歯（は）を軽（かる）く合（あ）わせるようにして、
そのすき間（ま）から息（いき）を出（だ）すように発音（はつおん）します。

太陽（たいよう）

［**サン**］

| sun | sun |

雪（ゆき）

［**スノウ**］

| snow | snow |

♪ **Let's Chant!**

T t

| 文字（もじ）の名前（なまえ） | ［**ティー**］ |
| 文字（もじ）の発音（はつおん） | ［**トゥ**］ |

勢（いきお）いよく息（いき）を出（だ）して発音（はつおん）しましょう。
［トゥ］とはっきりと言（い）うのではなく息（いき）をはく流（なが）れで発音（はつおん）しましょう。

かめ

［**タートゥル**］

| turtle | turtle |

テニス

［**テニス**］

| tennis | tennis |

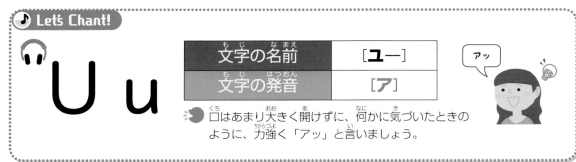

文字の名前	[ユー]
文字の発音	[ア]

アッ

口はあまり大きく開けずに、何かに気づいたときのように、力強く「アッ」と言いましょう。

上に [アップ]

up | up

かさ [アンブレラ]

umbrella | umbrella

2 音声を聞いて、読まれた単語の始めの文字を2つの中から選んで○で囲みましょう。

① t　u

② t　s

③ s　t

月　日　目標時間 **10**分
名前
点

1 音声を聞いて、読まれた単語を表す絵を○で囲みましょう。

（各8点）

① snow   net

② jam   queen

③ lemon  octopus

④ piano   milk

⑤ room  king

2 音声を聞いて、読まれた単語が正しいつづりになるように、□の中に小文字を書きましょう。 🎧(各9点)

① [ ]ig

ぶた

② [ ]mbrella

かさ

③ [ ]urtle

かめ

④ [ ]abbit

うさぎ

3 音声を聞いて、読まれた単語の始めの文字を3つの中から選んで○で囲みましょう。 🎧(各8点)

①

②

③

k　m　n　t　o　j　r　k　u

VWX の発音

月	日	時	分～	時	分

名前

1 音声にそって、聞く、言う練習をしましょう。
その後、単語を言いながら文字をなぞりましょう。

 Let's Chant!

V v

文字の名前	[ヴィー]
文字の発音	[ヴ]

下くちびるを軽くかむ

下くちびるを軽くかむようにして発音します。
fと同じ口の形で音を出しましょう。

ベスト

[ヴェスト]

vest	vest

バイオリン

[ヴァイオ**リン**]

violin	violin

 Let's Chant!

W w

文字の名前	[ダブリュー]
文字の発音	[ウッ]

口をすぼめて、つき出しながら発音します。
熱い飲み物を「フーッ」と冷ますときの口を
まねしましょう。

おおかみ

[ウルフ]

wolf	wolf

うで時計

[**ワ**（ー）**ッ**チ]

watch	watch

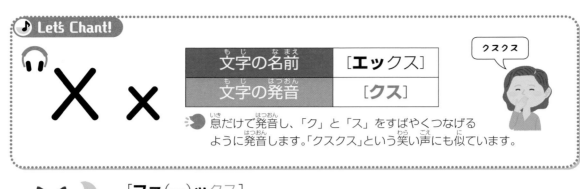

文字の名前	[**エックス**]
文字の発音	[**クス**]

クスクス

息だけで発音し、「ク」と「ス」をすばやくつなげる
ように発音します。「クスクス」という笑い声にも似ています。

[**ファ（ー）ックス**]

fox	fox

きつね

[**スィックス**]

six	six

6

[ク]と[ス]の発音をすばやく
つなげるんだね。

2 音声を聞いて、読まれた単語の始めの文字を2つの中から選んで○で
囲みましょう。

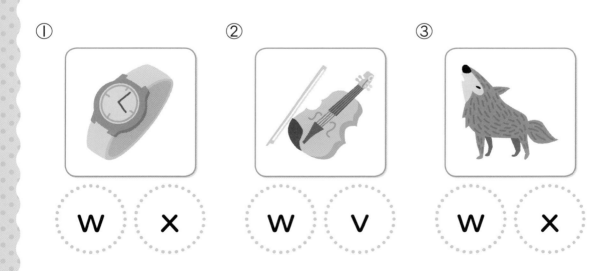

① ② ③

W X   W V   W X

| 月 | 日 | 時 | 分〜 | 時 | 分 |

名前

① 音声にそって、聞く、言う練習をしましょう。
その後、単語を言いながら文字をなぞりましょう。

♪ Let's Chant!

Y y

| 文字の名前 | [ワイ] |
| 文字の発音 | [ィユ] |

舌の先に力をこめて「ィユ」と発音します。

ヨット

[ヤ(ー)ット]

| yacht | yacht |

ヨーヨー

[ヨウヨウ]

| yo-yo | yo-yo |

♪ Let's Chant!

歯と歯を合わせて

Z z

| 文字の名前 | [ズィー] |
| 文字の発音 | [ズ] |

歯と歯を軽く合わせて、そのすき間から息を出します。
きちんと「ズ」の音が出るように言いましょう。

しまうま

[ズィーブラ]

| zebra | zebra |

動物園

[ズー]

| zoo | zoo |

2 音声を聞いて、読まれた単語の始めの文字を小文字で書きましょう。

① ②

動物園 ヨーヨー

始めの音を注意して聞いてみよう。

3 読み方や絵をヒントにして、□に共通する文字を下の□の中からそれぞれ選んで書きましょう。

① [ヤ(ー)ット]

y □ cht

[アプル]

□ pple

② [ズィーブラ]

zeb □ a

[ラビット]

□ abbit

y	w	a	r

| 月 | 日 | 時 | 分〜 | 時 | 分 |

名前

29 aeiの異なる発音

1 音声にそって、聞く、言う練習をしましょう。
その後、単語を言いながら文字をなぞりましょう。

♪ Let's Chant!

A a

文字の名前	［**エイ**］
文字の発音	［**エイ**］

👄 aは「ア」だけではなく、文字の名前と同じように「エイ」と読まれることもあります。

［**エイ**プロン］

| apron | apron |

エプロン

［**ゲ**イム］

| game | game |

ゲーム

♪ Let's Chant!

E e

文字の名前	［**イー**］
文字の発音	［**イー**］

👄 eは「エ」だけではなく、文字の名前と同じように「イー」と読まれることもあります。

［**イー**ヴニング］

| evening | evening |

夕方

［**ミー**］

| me | me |

私に

I i

文字の名前	[アイ]
文字の発音	[アイ]

🐦 i は「イ」だけではなく、文字の名前と同じように「アイ」と読まれることもあります。

[ライク]

~が好き

like	like

[タイム]

時間

time	time

2 音声と絵をヒントにして、□の中に小文字を書きましょう。 🎧

① ② ③

vening	g	me	t	me

30 ou の異なる発音

① 音声にそって、聞く、言う練習をしましょう。
その後、単語を言いながら文字をなぞりましょう。

♪ Let's Chant!

文字の名前	［**オウ**］
文字の発音	［**オウ**］

🐦 o は「ア」だけではなく、文字の名前と同じように「オウ」と読まれることもあります。

鼻

［**ノウズ**］

nose　　nose

ばら

［**ロウズ**］

rose　　rose

♪ Let's Chant!

文字の名前	［**ユー**］
文字の発音	［**ユー**］

🐦 u は「ア」だけではなく、文字の名前と同じように「ユー」と読まれることもあります。

立方体

［**キューブ**］

cube　　cube

〜を使う

［**ユーズ**］

use　　use

2 音声と絵をヒントにして、□の中に小文字を書きましょう。

① 　　② 　　③

r □ se　　□ se　　n □ se

どれも名前と同じ発音の文字だよ。

3 読み方や絵をヒントにして、□に共通する文字を下の□□の中からそれぞれ選んで書きましょう。

① ［アンブ**レ**ラ］
□ mbrella

　［**キュー**ブ］
c □ be

② ［**ア**（ー）クトパス］
□ ctopus

　［**ノ**ウズ］
n □ se

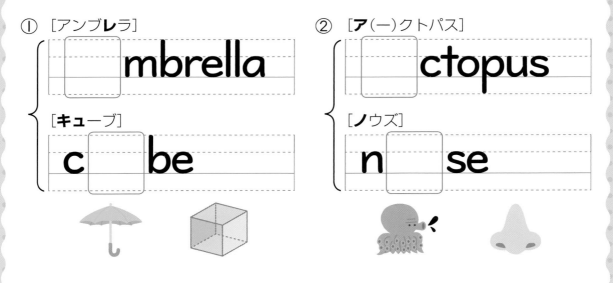

a　u　o　e

31 まとめのテスト6

月　日　　目標時間 10分

名前

点

1 音声を聞いて、読まれた単語を表す絵を○で囲みましょう。

(各8点)

① six   rose

② yo-yo  wolf

③ violin  zebra

④ use  time

⑤ game   evening

2 音声を聞いて、読まれた単語が正しいつづりになるように、□の中に小文字を書きましょう。🎧(各9点)

① ▢pron

エプロン

② fo▢

きつね

③ c▢be

立方体

④ ▢vening

夕方

3 音声を聞いて、読まれた単語の始めの文字を3つの中から選んで○で囲みましょう。🎧(各8点)

①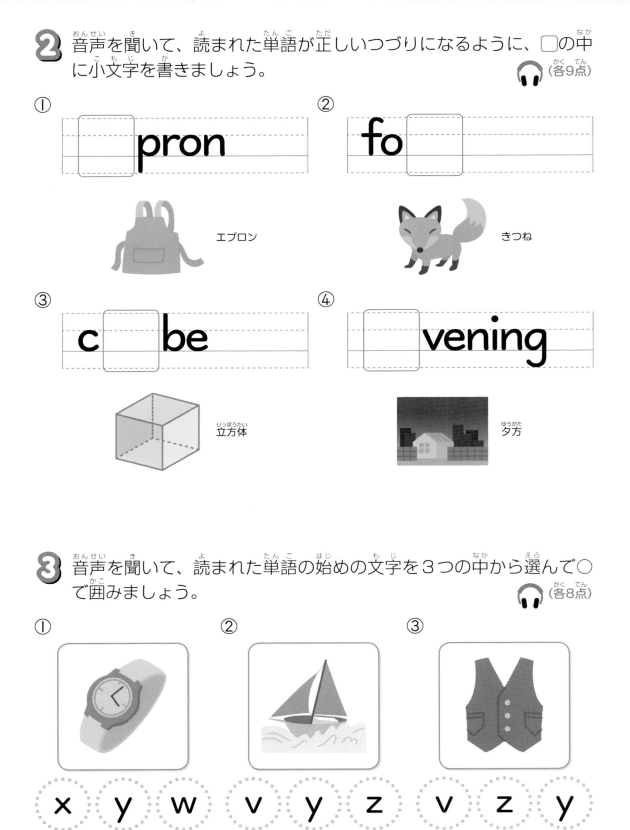

②

③

① x　y　w

② v　y　z

③ v　z　y

a から z の英単語 (1)

月 日　時 分〜 時 分

名前

1 音声にそって、聞く、言う練習をしましょう。♪ Let's Chant!
その後、単語の文字をなぞり、自分で2回書きましょう。

[アント]
ant
あり

[ベッド]
bed
ベッド

[カー]
car
車

[ドウナット]
donut
ドーナツ

[エイト]
eight
8

[フ**ラ**ウア]　[ラ]の部分を強く読むよ。
flower
花

2 音声にそって、聞く、言う練習をしましょう。
その後、単語の文字をなぞり、自分で2回書きましょう。

🎵 Let's Chant!

[グ**レ**イプ] 💡 ぶどうのふさは grapes というよ。

grape

ぶどう

[ハ**ピ**ィ]

happy

幸福な

[**イ**ンク] 💡 最後は c ではなく k で終わるよ。

ink

インク

[**ヂ**ュース] ✏️ ui のつづりに注意しよう。

juice

ジュース

[コウ**アー**ラ] 💬 [コアラ] ではなく [コウ**アー**ラ] と発音しよう。

koala

コアラ

[**レ**タス] ✏️ t を2つ書くことに注意しよう。

lettuce

レタス

[**マ**ップ]

map

地図

33　aからzの英単語 (2)

① 音声にそって、聞く、言う練習をしましょう。　♪ Let's Chant!
その後、単語の文字をなぞり、自分で2回書きましょう。

[**ネック**]　✏ ck で終わるよ。

neck

首

[**ア**(一)ムレット]

omelet

オムレツ

[**ペン**]　💡 えんぴつは pencil [ペンスル] というよ。

pen

ペン

[ク**ウェ**イル]

quail

うずら

[**ルー**ラァ]　✏ rとlを間違えないように書こう。

ruler

定規

[**サ**ラッド]　🔊 日本語のように [サラダ] とは読まないよ。

salad

サラダ

② 音声にそって、聞く、言う練習をしましょう。 ♪ Let's Chant!
その後、単語の文字をなぞり、自分で2回書きましょう。

[ティー]　🐦 この ea は [イー] と読むよ。

tea

茶、紅茶

[カップ]　✏️ u を a と書き間違えないようにしよう。

cup

カップ

[ヴェット]

vet

じゅう医

[ウィンドウ]

window

窓

[バ(ー)ックス]

box

箱

[ヨウガト]　🐦 日本語のように [ヨーグルト] とは読まないよ。

yogurt

ヨーグルト

[ズィ(ア)ロウ]

zero

ゼロ

34 まとめのテスト7

1 次の絵と意味を表す単語になるように、□の中に小文字を書きましょう。 (各6点)

①  サラダ

 □alad

②  インク

□nk

③  あり

 □nt

④  オムレツ

□melet

2 次の単語の意味を表す絵を選んで、点を線で結びましょう。 (各8点)

① car ・

② koala ・

③ window ・

④ ruler ・

・

・

・

・

3 □に共通する文字を下の□の中からそれぞれ選んで書きましょう。

(各10点)

① ［バ（ー）ックス］

b □ x

［ズィ（ア）ロウ］

zer □

② ［マップ］

ma □

［ペン］

□ en

| h | o | d | l | p |

4 絵を表す単語を3つ見つけてそれぞれ○で囲みましょう。

(各8点)

例

c	y	t	e	a	o
a	o	g	u	d	w
t	l	h	f	o	k
i	e	b	q	n	j
n	e	c	k	u	m
r	v	x	p	t	z

ヒント

横の並びにも注目しよう。

35 しあげのテスト 1

月　日　　目標時間 **15** 分

名前

点

1 ◻ の中の文字をアルファベットの順番に並べかえて書きましょう。

(各8点)

① B D F E C ➡

② X V Y Z W ➡

③ O Q R N P ➡

2 文字の位置や形に注意して、①～③は右側に対応する小文字を、④～⑥は左側に対応する大文字を書きましょう。

(各5点)

① M

② Q

③ F

④ b

⑤ a

⑥ i

71

3 読み方や絵をヒントにして、□に共通する小文字をそれぞれ書きましょう。
（各7点）

① ［**エッ**グ］

□gg

［**テ**ニス］

t□nnis

② ［**ウ**ルフ］

□olf

［スノ**ウ**］

sno□

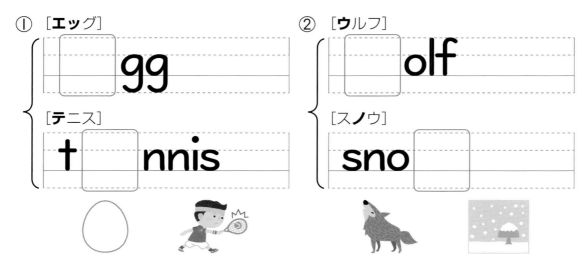

4 絵をヒントに空いているところに小文字を入れ、パズルを完成させましょう。
（各8点）

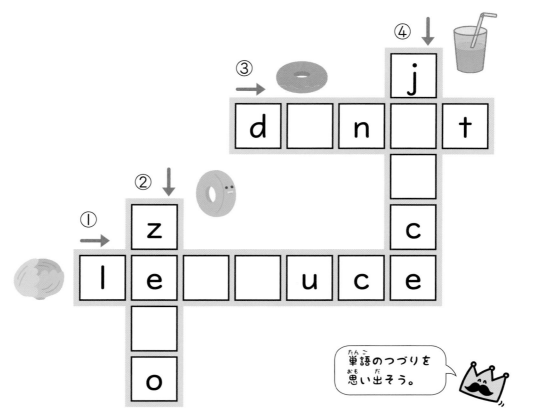

③ →
d □ n □ t

④ ↓
j

② ↓
z

① →
l e □ □ u c e

c

o

単語のつづりを
思い出そう。

36 しあげのテスト2

1 大文字は小文字に、小文字は大文字に変えたものを(1)に書き、(1)を
アルファベットの順番に並べかえたものを(2)に書きましょう。（各8点）

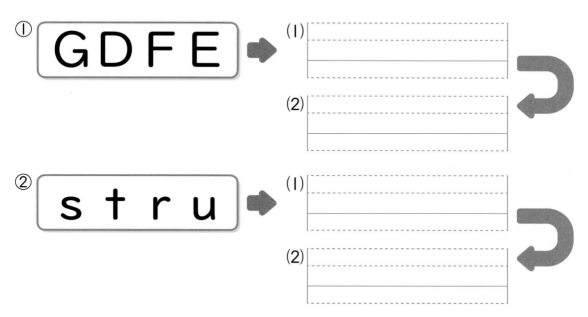

① GDFE ➡ (1) _____
(2) _____

② stru ➡ (1) _____
(2) _____

2 音声を聞いて、読まれた文字を①・②は大文字で、③・④は小文字
で書きましょう。（各5点）

① _____　② _____

③ _____　④ _____

3 次の絵と意味を表す単語になるように、□の中に小文字を書きましょう。

(各6点)

① ヨット

☐acht

② ぶた

☐ig

③ 象

☐lephant

④ バイオリン

☐iolin

4 音声を聞いて、読まれた単語を３つの中からそれぞれ選んで書きましょう。

(各8点)

① (evening / piano / lemon)

② (jam / cap / sun)

③ (rabbit / octopus / zebra)

アルファベット

🎵 ABC Song 歌詞の続き
p. 1, p.13

（A 〜 Z）

Happy, happy, shall we be,

when we've learned our ABC's.

4 大文字 U〜Z
p. 8

❸

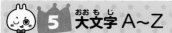
5 大文字 A〜Z
p.10

❷

A	B	C	D	E	F
G	H	I	J	K	L
M	N	O	P	Q	R
S	T	U	V	W	X
Y	Z

6 まとめのテスト 1
p.11〜12

❶

❷

① ② ③

❸ ① L ② Q ③ N ④ Z

❹

10 小文字 u〜z
p.20

❸

11 小文字 a～z 【p.22】

❷
```
a b c d e f
g h i j k l
m n o p q r
s t u v w x
y z
```

12 まとめのテスト2 【p.23～24】

❶

❷ ① ② ③

❸ ① k ② e ③ l ④ d

❹

13 似ている形の文字 【p.26】

❷ ① (b) d ② p (q)
③ V (U) ④ (M) W
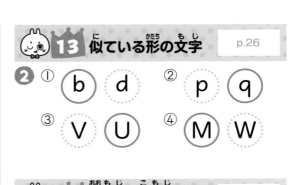

14 大文字と小文字 / アルファベットの順番 【p.27～28】

❶
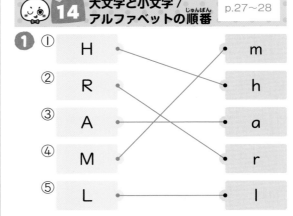

① H — h
② R — a
③ A — m
④ M — r
⑤ L — l

❷ ① q S e ② B p d ③ n i W

❸ ① G ② M ③ x ④ c

❹
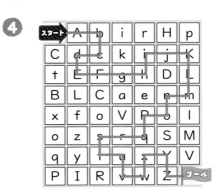

16 小文字の位置(2)　p.32

2 ① c o r
② b d l
③ q g p

17 まとめのテスト3　p.33〜34

1 ① G H I J
② N O P Q
③ b c d e
④ u v w x

2
① I — i
② A — a
③ L — l
④ F — f

3 ① B b　② G g
③ Q q　④ C c
⑤ T t　⑥ J j

4 ① H　② S
③ w　④ e

18 abcの発音　p.38

2 ① 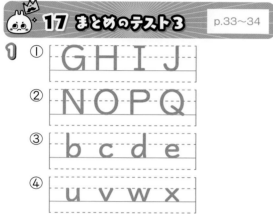 ②

19 defの発音　p.40

2 ① e （f）　② d （e）
③ f （d）

20 ghiの発音　p.42

2 ① h　② i　③ g

21 まとめのテスト4　p.43〜44

1 ① ② ③ ④ ⑤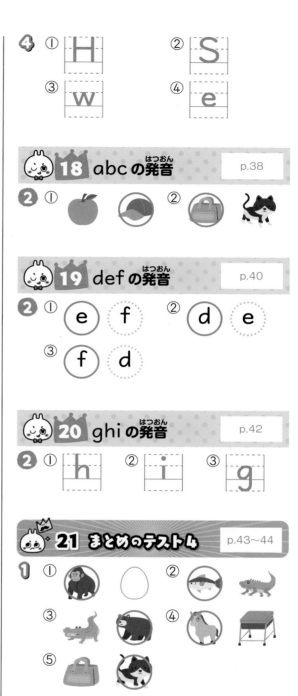

2 ① apple　② dog
③ frog　④ igloo

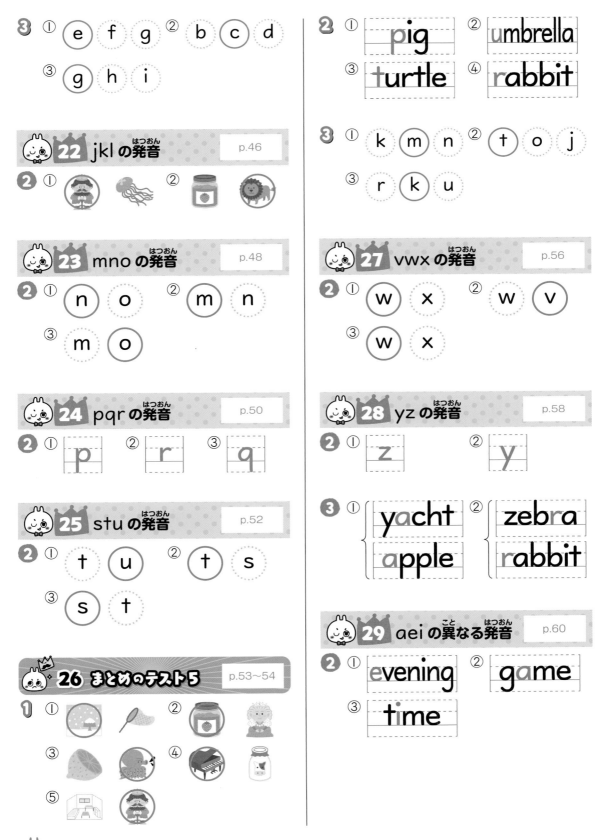

③ ① (e) f g ② b (c) d

③ (g) h i

22 jkl の発音 (はつおん)　p.46

② ① ②

23 mno の発音 (はつおん)　p.48

② ① (n) o ② m (n)

③ m (o)

24 pqr の発音 (はつおん)　p.50

② ① p ② r ③ q

25 stu の発音 (はつおん)　p.52

② ① t (u) ② (t) s

③ (s) t

26 まとめのテスト5　p.53～54

① ① ② ③ ④ ⑤

② ① pig ② umbrella

③ turtle ④ rabbit

③ ① k (m) n ② (t) o j

③ r (k) u

27 vwx の発音 (はつおん)　p.56

② ① (w) x ② w (v)

③ (w) x

28 yz の発音 (はつおん)　p.58

② ① z ② y

③ ① yacht / apple ② zebra / rabbit

29 aei の異なる発音 (こと) (はつおん)　p.60

② ① evening ② game

③ time

30 ou の異なる発音 p.62

❷ ① rose ② use ③ nose

❸ ① umbrella / cube ② octopus / nose

31 まとめのテスト6 p.63〜64

❷ ① apron ② fox ③ cube ④ evening

❸ ① x y ⓦ ② v ⓨ z ③ ⓥ z y

34 まとめのテスト7 p.69〜70

❶ ① salad ② ink ③ ant ④ omelet

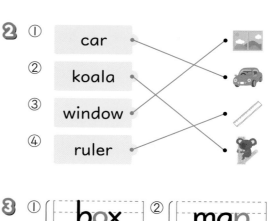

❷ ① car ② koala ③ window ④ ruler

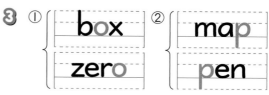

❸ ① box / zero ② map / pen

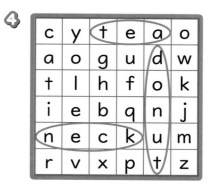

❹

c	y	t	e	a	o
a	o	g	u	d	w
t	l	h	f	o	k
i	e	b	q	n	j
n	e	c	k	u	m
r	v	x	p	t	z

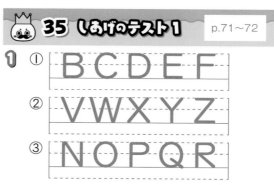

35 しあげのテスト1 p.71〜72

❶ ① BCDEF ② VWXYZ ③ NOPQR

2 ① M m ② Q q ③ F f ④ B b ⑤ A a ⑥ I i

3 ① { egg / tennis } ② { wolf / snow }

4
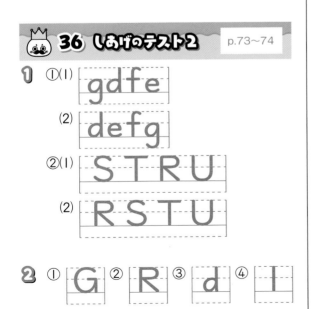

Crossword:
③→ donut
④↓ j i c e (juice)
①→ lettuce
②↓ zero

3 ① yacht ② pig ③ elephant ④ violin

4 ① lemon ② jam ③ octopus

---

1 ①(1) gdfe
　　(2) defg
　②(1) STRU
　　(2) RSTU

2 ① G ② R ③ d ④ I